**ROMÉO MÉCANO**
est un petit inventeur
complètement dingue.

**TATOURO**
est super-costaud.
Il se roule en boule
comme un tatou.

**ENERGUMAN**
a des tas de gadgets dont
il ne sait pas se servir.

**LILIFÉE**
parcourt le ciel telle une comète. Elle
lance des étoiles et des flocons magiques.

PYJAMASQUES

**Gallimard Jeunesse Giboulées**
**Sous la direction de Colline Faure-Poirée et Hélène Quinquin**


ISBN : 978-2-07-507527-5 • Numéro d'édition : 366508 • Premier dépôt légal: avril 2018 • Dépôt légal : février 2020
Loi n° 49956 du 16 juillet 1949 sur les publications destinées à la jeunesse
Imprimé en France par Pollina - 92493

IMPRIM'VERT
Votre imprimeur agit pour l'environnement

PEFC
10-31-2065

Romuald

# L'ÉCOLE DES PYJAMASQUES

Gallimard Jeunesse Giboulées

Au-dessus des nuages, se lève la Lune. Il est minuit une.
Soudain, le Chat-bolide arrive en trombe dans la cour de récréation.

– Vite, nous sommes en retard pour la leçon ! s'écrient les Pyjamasques.

En voilà une drôle d'heure pour aller à l'école !
À quoi jouent les trois petits héros ?

Les Pyjamasques arrivent dans une bien étrange classe. D'autres élèves masqués sont déjà installés. Au tableau, Energuman se prend pour un instructeur. Il présente sa panoplie de gadgets aux enfants.

– Vous aurez bien besoin de tous ces trucs-là pour devenir des super-héros, comme moi ! dit-il fièrement.

A
J
Q
X

Mais il est difficile d'écouter dans un tel brouhaha. Ver de terre, mouche et rat, les Mascrapules sont là ! Ils chahutent à côté de la belle Lilifée et de Tatouro, le costaud.

– Un peu de silence ! gronde Energuman. Levez le doigt, une aile ou une antenne avant de parler.

– Voici d'autres outils ultrapratiques qui feront de vous des enfants héroïques !
– Ce n'est qu'un ballon ! s'étonne Tatouro.
– C'est pour amuser l'adversaire et détourner son attention ! Et ceci est un lance-filet pour capturer n'importe quel vilain, en un tour de main !
– Nous, on n'est pas des héros, on s'en fiche de tes bidules ! lui disent les Mascrapules.

– Alors ce sont les Pyjamasques qui s'en serviront, décide Energuman.
Il donne le lance-filet à Bibou qui ne sait pas trop quoi en faire.
– Ce n'est pas juste ! proteste Zina. On était là *avant* eux !
– C'est vrai, dit Grigri, à nous d'essayer en premier. Ils étaient en retard !
Comme toujours, les pénibles Mascrapules font des histoires.

– Il faudrait savoir ce que vous voulez ! leur dit Gluglu.
– On veut vous embêter, vous faire tourner en bourrique ! réplique vivement Ulbert.
– Attends que je t'attrape, tête de lombric !
– Hou, les premiers de la classe ! Hou, les chouchous ! se moquent les Mascrapules.
Alors que les deux bandes se défient, Tatouro se demande encore s'il est un vilain ou un gentil…

… mais, comme tout le monde se chamaille, lui aussi prend part à la bataille. Ils se poursuivent en courant, en grimpant ou en survolant les tables. En voilà des élèves dissipés ! Pendant qu'Ulbert embête tout le monde, Tatouro met la classe sens dessus dessous.

Tout ce raffut déplaît à Lilifée. Comme elle est agacée, il se met à neiger!
– Arrêtez tout! dit soudain Energuman. Mes cornes-radar détectent des bruits bizarres: CLING CLANG… CLING CLANG…
Tous regardent par la fenêtre et ouvrent de grands yeux!
Quelque chose de géant se dirige à grands pas vers eux…

C'est Roméo Mécano qui
surgit à bord de son robot !

– Moi, je n'ai rien à apprendre, je suis déjà un génie ! dit le petit savant fou, tellement sûr de lui.
Au lieu de finir sagement ses devoirs, il vient s'emparer de l'école pour en faire son laboratoire.
– Prêts pour une démonstration ! dit Energuman. Regardez comment j'attrape ce fanfaron ! Et hop !

– AH BRAVO ! Quel âne cet
Energuman ! rouspètent les enfants.
Maintenant tout le monde est coincé !
C'est bien beau d'avoir tous ces gadgets,
encore faut-il savoir viser !

Stop aux gadgets en toc!

– On ne va pas rester là pendant que Roméo saccage notre école, décident les enfants. Cessons de tirer sur ce filet chacun de notre côté, unissons nos pouvoirs pour nous en échapper.

Tatouro et Gluglu le soulèvent de toutes leurs forces. Grigri se met à grignoter les mailles qui craquent unes à unes. Zina et Bibou s'envolent et tirent dessus…

Les voilà enfin libérés!

– À nous de faire une démonstration ! dit Yoyo. C'est Grigri qui commence en utilisant son pouvoir « Mini-mini ». Il rétrécit de plus en plus, jusqu'à devenir tout petit !

Grâce à ses mains collantes, Gluglu escalade une des jambes du robot. Il dépose Grigri à l'intérieur du mécanisme. Celui-ci va se faufiler discrètement jusqu'à la cabine du petit savant.

Pendant ce temps, Bibou et Zina zigzaguent autour de Roméo pour détourner son attention. Il essaie mille manœuvres pour les attraper, mais les filles ne cessent de lui échapper.

– Cessez de bouger, toutes les deux ! grogne Roméo. Soudain, Grigri saute sur sa tête et lui tire les cheveux.

C’est le moment que choisit Lilifée pour les aider. Elle lance ses flocons magiques et gèle un des pieds métalliques.

– Bien joué, Lilifée !
On n'a plus qu'à le faire
tomber, dit Tatouro.

Il s'enroule dans sa carapace et se transforme.
Il déboule de tout son poids vers le robot.

Avec l'aide de Yoyo, cela va encore plus
vite. Ils foncent tous les deux à une
vitesse supersonique !

Même Ulbert participe à sa manière ! Grâce à tous leurs pouvoirs, les enfants masqués sont sûrs de leur victoire.
**BOUM !** Tatouro atteint sa cible ! Mais le robot de Roméo reste debout, invincible.

Les Pyjamasques sont vraiment découragés. Comment vont-ils sauver leur école ?
Un peu à l'écart, Energuman broie du noir.
– Puisqu'ils pensent que je ne sers à rien, qu'ils se débrouillent sans moi !
Et il tape dans son ballon sans trop y faire attention.

Dans son élan, le ballon rebondit… il roule encore et arrive jusque sous les pieds du robot. Par chance, la machine glisse dessus et se retrouve par terre, les quatre fers en l'air !

– Hourra pour Energuman ! s'écrient les enfants.
– Tu nous as bien caché ton jeu ! lui dit Ulbert. Tu faisais juste semblant d'être sot pour tromper Roméo !
– Heu… oui voilà… c'était bien ça ! hésite Energuman qui vient de comprendre ce qu'il s'est passé.
– Cette andouille ne l'a même pas fait exprès ! peste Roméo.
Mais personne n'écoute ses vilains mots.

Ils ont tous retenu la leçon : chacun est un héros à sa façon.
Il vaut mieux agir ensemble que se disputer. Ravi d'être pardonné, Energuman retourne chercher son ballon et son filet.

– Vous allez voir les enfants ! À défaut d'être efficaces, mes gadgets sont super amusants ! Qui vient jouer au ballon ?

– MOIIII ! répondent-ils tous en même temps.

À part Roméo qui fait la tête, tout le monde est content.